中华经典诵读工程丛书

海内外各界力量全球推动
千百万儿童数年实践硕果

弟子规 龙文鞭影

DI ZI GUI
LONG WEN BIAN YING

北京四海经典文化传播中心 编

經典誦讀

華夏出版社
HUAXIA PUBLISHING HOUSE

精·熟·悟·用·巧·新

——《中华经典诵读工程丛书》序

经典教育在海内外开展二十多年，越来越多的人已经看到，中国人正处于有史以来最大的一次求学世界的历程，与此同时，中华经典也正在经历有史以来最大的一次普及、弘扬和光大。这套“中华经典诵读工程丛书”，就是诞生于这样的氛围之中。目前入选书目有：《论语》《孟子》《诗经》《礼记（选）》《大学·中庸·孝经》《周易》《道德经·黄帝内经（选）》《三字经·百家姓·千字文·蒙求》《弟子规·龙文鞭影》《声律启蒙·笠翁对韵》，共十种。这十种图书中，既有中华文化的传世经典，又有中华文化的传统入门读物，言语隽永，含义深远；既有文化积累、智慧启蒙的作用，又有规范言行、培养人格的功能，非常适合儿童诵读。

本套丛书的体例是原文加注音，古今字、通假字以右下角黑框标出，人名、地名、朝代名等专有名词以改变拼音字体的形式标出。出于保护儿童视力的需要，我们采用了大字排版的版式，希望孩子能在轻松的阅读中进行背诵。为了保证本套丛书的质量，我们请专业学者在这些经典通行本的基础上进行注音和校勘，并请权威专家进行审定，以保证本套图书的质量。

读书要讲究方法。方法对头，事半功倍。一些大德告诫说：读书贵在读经典，读经典贵在熟读。熟读而后能悟，悟而后能用，用而后生巧，巧而后出新。这也是经典诵读工程推出的初衷。总起来就是精、熟、悟、用、巧、新六个字。其中，悟、用、巧、新这四个过程中是有解释的。但是解释最好在精、熟的基础上进行。至于在心无旁骛、一心熟读的过程中开悟、证悟，那更是了不得的事情，一般所谓解释都用不着了。

读经典就是平素说的精读。精读就是选择最好的书来读，把它读熟，背出来，默写出来。一熟就把书本变成自己的东西，等于放在自家的仓库里，在哪个柜子的哪一层，都知道。随用随取，不会搞错。用多了，自然心灵手巧，会有神来之笔、天造之功，不晓得哪里来的新思路，新主意，新做法。孔子在《周易·系辞》里说“阴阳不测之谓神”，浑然天成，大概就是这种境界了。

精、熟、悟、用、巧、新——六个字中，精、熟是根基，悟字是关键。悟是左边一个心（忄）、右边一个我（吾），我自己心灵开悟、自己证悟。自己懒得去悟，等着别人讲解，久了自己大脑萎缩，心机不转，手脚不灵，把自己废了。或者好为人师，讲个不停，不给别人自悟的机会，造成他人大脑萎缩，心机不转，手脚不灵，等于把别人废了。古德说："塞人悟门，罪莫大焉。"别人的悟门不要塞，自己的悟门不要堵，有人认为这是中国古代经典教育的一大诀窍。

这个诀窍——

第一，充分相信每个人自己的力量。用现代话说，是以学生为中心，以学生自己学习为主。反过来就不行，譬如母鸡孵小鸡，刚刚孵几分钟，就迫不及待，用喙把蛋壳啄开，结果连蛋黄蛋清都流出来，小鸡连影子都没有。这就叫塞人悟门。开门迎客，太客气了，热得烫手，搞得人家坐也不是，站也不是，搞得人家不好意思再来，就是关门的高招，拒客的妙策。开早了、开多了、开宽了、开深了，都是塞。简言之，滥开就是塞，把学生耳朵捅开往里灌，就是塞。这里所谓学生，包括一切读经典的人，小孩子和大人都算，读经典的老师也算，因为老师读经典的时候就是学生。

第二，尊师重教。经典是圣人贤人的话，圣贤是大家的教师，我们读经典，就是对圣贤和圣贤的教导起恭敬心、尊重心，不要随意解释，不要望文生义，不要勉强猜测。怎么办？熟读了再说。熟读就是接触圣贤的原话，等于亲聆圣贤教诲，"与经典同行，与圣贤为友"。好比圣贤就在眼前，无比亲切，耳提面命。直接听圣贤讲话，直截了当，不掺水，无盗版，不需要中间人传话，不轻信道听途说。

第三，得意忘言，离名绝相。语言这个东西，难得说圆满。"名可名，非常名"，言不尽意，"一解释就错"的情况多，更何况意不尽理，理不尽事。圣贤的话，句句实在，不止是说说而已，根本是实证所得。实证所得之意，往往是普通的言语说不尽、道不明的，常常是因人而异、看人说话、因材施教的。贵在对机，贵在得意忘言，离名绝相，付诸行动，在践行中体悟、证悟，而不是寻章摘句，死读书，死讲解。

第四，各类经典的解释，需要过来人，需要明白人，更需要圣贤身教。按照《说文》，所谓教，乃是上行下效的意思。身教重于言教。说多了，言过其实，自己没实证，别人也没实证，就容易把说教看破。看破了经典，谁还读呢？也许是没看破，真的看破就好了，得意忘言了。翻开《论语·阳货第十七》，孔子说：我不想说什么了。天说了什么呢？四季运行，万物生长，天说了什么呢？《论语·里仁第四》又说："君子欲讷于言而敏于行。"如果没有实证的解释，没有严格的践行，没有得意忘言的功夫，很可能把经典解释成离经叛道的空话、大话、怪话。有识之士预言：知识经济中，最大的风险乃是知识风险、经验风险。强不知以为知，就是风险的一种。这也是古人经常提醒的。这个提醒值得注意。在没有圣贤的场合，虽然人人可以畅所欲言，但是不可自以为是。相互交流、共同探讨是可以的，是值得提倡的，但是把一孔之见和主观臆测当作真知灼见，用以注释经典，就可能害人害己，很可能会把解经变成毁经，铸成大错。

第五，自悟贵在无心。有心悟道，难得一悟。无心悟道吗？然而无心则无我，谁在悟道呢？都值得思考。《论语·子罕第九》说："子绝四：毋意，毋必，毋固，毋我。"看来是主张把我字丢掉，把偏狭的臆测丢掉。虽然说代人吃饭、替人读书、替人悟道都做不到，然而自己亲自吃、亲自读、亲自悟的时候，却不能自以为是"皇上"，反而要放下这个"朕"、这个"我"、这个皇位，学"无位真人"，虚怀若谷，上下与天地同流，拜众人为师，才成。不过这样一说，似乎已经在解经典，进了自己所设的禁区，因此需要补充一句：此话属于自言自语，也可以作为畅所欲言的一孔之见，仅供交流。有了这种心理准备，虽然有所注释，有所交流，大概就不担心毁经之过了。正如《楞严经》历数修行中种种毛病偏颇时所说的三句话："暂得如是，非为圣证。不作圣心，名善境界。若作圣解，即受群邪。"又说："悟则无咎。"用科学精神来说，就是主张在研究实验过程中，不要把阶段性成果（暂得如是）当作最终真理顶礼膜拜（非为圣证，不作圣心），明白了这一点（悟），有些毛病缺点也不要紧（则无咎），也是好事（名善境界）。否则就会把片面的东西当作全体（若作圣解），迷在局部出不来，很容易犯各种错误（即受群邪）。

第六，以经解经。经典读多了，融会贯通：这本经典讲得详细的，那本经典中可能只是提一下；这本经典没说的，那本经典可能说了。就一本经典而言，前文没说的，后文可能说了；一处简单提到的，别处可能详说。多读经典，用经典注解经典，靠经典领悟经典，是个好办法。

有了好书，有了好方法，那就开始读吧。

中华经典诵读工程丛书编委会
2018年7月

mù lù
目 录

dì zǐ guī
弟子规

lóng wén biān yǐng
龙文鞭影

dì zǐ guī
弟子规

Qīng　Lǐ yù xiù
[清] 李毓秀

yī zǒng xù

一、总 叙

dì zǐ guī shèng rén xùn shǒu xiào tì cì jǐn xìn

1 弟子规，圣人训。首孝悌，次谨信。

fàn ài zhòng ér qīn rén yǒu yú lì zé xué wén

泛爱众，而亲仁。有余力，则学文。

èr rù zé xiào chū zé tì

二、入则孝 出则悌

fù mǔ hū yìng wù huǎn fù mǔ mìng xíng wù lǎn

2 父母呼，应勿缓；父母命，行勿懒；

fù mǔ jiào xū jìng tīng fù mǔ zé xū shùn chéng

父母教，须敬听；父母责，须顺承。

dōng zé wēn xià zé qìng chén zé xǐng hūn zé dìng

3 冬则温，夏则清，晨则省，昏则定。

chū bì gào fǎn bì miàn jū yǒu cháng yè wú biàn

出必告，反(返)必面，居有常，业无变。

shì suī xiǎo wù shàn wéi gǒu shàn wéi zǐ dào kuī

4 事虽小，勿擅为，苟擅为，子道亏。

wù suī xiǎo wù sī cáng gǒu sī cáng qīn xīn shāng

物虽小，勿私藏，苟私藏，亲心伤。

qīn suǒ hào lì wèi jù qīn suǒ wù jǐn wèi qù
5 亲所好，力为具；亲所恶，谨为去。

shēn yǒu shāng yí qīn yōu dé yǒu shāng yí qīn xiū
身有伤，贻亲忧；德有伤，贻亲羞。

qīn ài wǒ xiào hé nán qīn wù wǒ xiào fāng xián
亲爱我，孝何难？亲恶我，孝方贤。

qīn yǒu guò jiàn shǐ gēng yí wú sè róu wú shēng
6 亲有过，谏使更，怡吾色，柔吾声。

jiàn bú rù yuè fù jiàn háo qì suí tà wú yuàn
谏不入，悦复谏，号泣随，挞无怨。

qīn yǒu jí yào xiān cháng zhòu yè shì bù lí chuáng
7 亲有疾，药先尝，昼夜侍，不离床。

sāng sān nián cháng bēi yè jū chù biàn jiǔ ròu jué
丧三年，常悲咽，居处变，酒肉绝。

sāng jìn lǐ jì jìn chéng shì sǐ zhě rú shì shēng
丧尽礼，祭尽诚，事死者，如事生。

xiōng dào yǒu dì dào gōng xiōng dì mù xiào zài zhōng
8 兄道友，弟道恭，兄弟睦，孝在中。

cái wù qīng yuàn hé shēng yán yǔ rěn fèn zì mǐn
财物轻，怨何生？言语忍，忿自泯。

huò yǐn shí huò zuò zǒu zhǎng zhě xiān yòu zhě hòu
9 或饮食，或坐走，长者先，幼者后。

zhǎng hū rén jí dài jiào rén bú zài jǐ jí dào
长呼人，即代叫，人不在，己即到。

chēng zūn zhǎng　wù hū míng　duì zūn zhǎng　wù xiàn néng
10 称尊长，勿呼名，对尊长，勿见（现）能。

lù yù zhǎng　jí qū yī　zhǎng wú yán　tuì gōng lì
路遇长，疾趋揖，长无言，退恭立。

qí xià mǎ　chéng xià chē　guò yóu dài　bǎi bù yú
骑下马，乘下车，过犹待，百步余。

zhǎng zhě lì　yòu wù zuò　zhǎng zhě zuò　mìng nǎi zuò
11 长者立，幼勿坐；长者坐，命乃坐。

zūn zhǎng qián　shēng yào dī　dī bù wén　què fēi yí
尊长前，声要低，低不闻，却非宜。

jìn bì qū　tuì bì chí　wèn qǐ duì　shì wù yí
进必趋，退必迟，问起对，视勿移。

shì zhū fù　rú shì fù　shì zhū xiōng　rú shì xiōng
12 事诸父，如事父；事诸兄，如事兄。

sān jǐn ér xìn
三、谨而信

zhāo qǐ zǎo　yè mián chí　lǎo yì zhì　xī cǐ shí
13 朝起早，夜眠迟，老易至，惜此时。

chén bì guàn　jiān shù kǒu　biàn niào huí　zhé jìng shǒu
晨必盥，兼漱口；便溺回，辄净手。

guān bì zhèng　niǔ bì jié　wà yǔ lǚ　jù jǐn qiè
14 冠必正，纽必结，袜与履，俱紧切。

zhì guān fú yǒu dìng wèi wù luàn dùn zhì wū huì
置冠服，有定位，勿乱顿，致污秽。

yī guì jié bú guì huá shàng xún fèn xià chèn jiā
15 衣贵洁，不贵华，上循分，下称家。

duì yǐn shí wù jiǎn zé shí shì kě wù guò zé
对饮食，勿拣择，食适可，勿过则。

nián fāng shào wù yǐn jiǔ yǐn jiǔ zuì zuì wéi chǒu
年方少，勿饮酒，饮酒醉，最为丑。

bù cóng róng lì duān zhèng yī shēn yuán bài gōng jìng
16 步从容，立端正，揖深圆，拜恭敬。

wù jiàn yù wù bǒ yǐ wù jī jù wù yáo bì
勿践阈，勿跛倚，勿箕踞，勿摇髀。

huǎn jiē lián wù yǒu shēng kuān zhuǎn wān wù chù léng
17 缓揭帘，勿有声，宽转弯，勿触棱。

zhí xū qì rú zhí yíng rù xū shì rú yǒu rén
执虚器，如执盈；入虚室，如有人。

shì wù máng máng duō cuò wù wèi nán wù qīng lüè
事勿忙，忙多错，勿畏难，勿轻略。

dòu nào chǎng jué wù jìn xié pì shì jué wù wèn
斗闹场，绝勿近；邪僻事，绝勿问。

jiāng rù mén wèn shú cún jiāng shàng táng shēng bì yáng
18 将入门，问孰存；将上堂，声必扬。

rén wèn shuí duì yǐ míng wú yǔ wǒ bù fēn míng
人问谁？对以名，吾与我，不分明。

yòng rén wù xū míng qiú tǎng bú wèn jí wéi tōu
用人物，须明求，倘不问，即为偷。

jiè rén wù jí shí huán rén jiè wù yǒu wù qiān
借人物，及时还；人借物，有勿悭。

fán chū yán xìn wéi xiān zhà yǔ wàng xī kě yān
19 凡出言，信为先，诈与妄，奚可焉！

huà shuō duō bù rú shǎo wéi qí shì wù nìng qiǎo
话说多，不如少，惟其是，勿佞巧。

kè bó yǔ huì wū cí shì jǐng qì qiè jiè zhī
刻薄语，秽污词，市井气，切戒之。

jiàn wèi zhēn wù qīng yán zhī wèi dí wù qīng chuán
20 见未真，勿轻言；知未的，勿轻传。

shì fēi yí wù qīng nuò gǒu qīng nuò jìn tuì cuò
事非宜，勿轻诺，苟轻诺，进退错。

fán dào zì zhòng qiě shū wù jí jí wù mó hu
凡道字，重且舒，勿急疾，勿模糊。

bǐ shuō cháng cǐ shuō duǎn bù guān jǐ mò xián guǎn
彼说长，此说短，不关己，莫闲管。

jiàn rén shàn jí sī qí zòng qù yuǎn yǐ jiàn jī
21 见人善，即思齐，纵去远，以渐跻。

jiàn rén è jí nèi xǐng yǒu zé gǎi wú jiā jǐng
见人恶，即内省，有则改，无加警。

wéi dé xué wéi cái yì bù rú rén dāng zì lì
22 惟德学，惟才艺，不如人，当自励。

ruò yī fú ruò yǐn shí bù rú rén wù shēng qī
若衣服，若饮食，不如人，勿生戚。

wén guò nù wén yù lè sǔn yǒu lái yì yǒu què
23 闻过怒，闻誉乐，损友来，益友却。

wén yù kǒng wén guò xīn zhí liàng shì jiàn xiāng qīn
闻誉恐，闻过欣，直谅士，渐相亲。

wú xīn fēi míng wéi cuò yǒu xīn fēi míng wéi è
24 无心非，名为错，有心非，名为恶。

guò néng gǎi guī yú wú tǎng yǎn shì zēng yì gū
过能改，归于无，倘掩饰，增一辜。

sì fàn ài zhòng ér qīn rén

四、泛爱众而亲仁

fán shì rén jiē xū ài tiān tóng fù dì tóng zài
25 凡是人，皆须爱，天同覆，地同载。

xíng gāo zhě míng zì gāo rén suǒ zhòng fēi mào gāo
26 行高者，名自高，人所重，非貌高。

cái dà zhě wàng zì dà rén suǒ fú fēi yán dà
才大者，望自大，人所服，非言大。

jǐ yǒu néng wù zì sī rén yǒu néng wù qīng zǐ
27 己有能，勿自私；人有能，勿轻訾。

wù chǎn fù wù jiāo pín wù yàn gù wù xǐ xīn
勿谄富，勿骄贫，勿厌故，勿喜新。

rén bù xián wù shì jiǎo rén bù ān wù huà rǎo
人不闲，勿事搅；人不安，勿话扰。

rén yǒu duǎn qiè mò jiē rén yǒu sī qiè mò shuō
28 人有短，切莫揭；人有私，切莫说。

dào rén shàn jí shì shàn rén zhī zhī yù sī miǎn
道人善，即是善，人知之，愈思勉。

yáng rén è jí shì è jí zhī shèn huò qiě zuò
扬人恶，即是恶，疾之甚，祸且作。

shàn xiāng quàn dé jiē jiàn guò bù guī dào liǎng kuī
善相劝，德皆建，过不规，道两亏。

fán qǔ yǔ guì fēn xiǎo yǔ yí duō qǔ yí shǎo
29 凡取与，贵分晓，与宜多，取宜少。

jiāng jiā rén xiān wèn jǐ jǐ bú yù jí sù yǐ
将加人，先问己，己不欲，即速已。

ēn yù bào yuàn yù wàng bào yuàn duǎn bào ēn cháng
恩欲报，怨欲忘，报怨短，报恩长。

dài bì pú shēn guì duān suī guì duān cí ér kuān
30 待婢仆，身贵端，虽贵端，慈而宽。

shì fú rén xīn bù rán lǐ fú rén fāng wú yán
势服人，心不然，理服人，方无言。

tóng shì rén lèi bù qí liú sú zhòng rén zhě xī
31 同是人，类不齐，流俗众，仁者稀。

guǒ rén zhě rén duō wèi yán bú huì sè bú mèi
果仁者，人多畏，言不讳，色不媚。

néng qīn rén wú xiàn hǎo dé rì jìn guò rì shǎo
能亲仁，无限好，德日进，过日少。

bù qīn rén wú xiàn hài xiǎo rén jìn bǎi shì huài
不亲仁，无限害，小人进，百事坏。

wǔ xíng yǒu yú lì zé yǐ xué wén
五、行有余力则以学文

bú lì xíng dàn xué wén zhǎng fú huá chéng hé rén
32 不力行，但学文，长浮华，成何人！

dàn lì xíng bù xué wén rèn jǐ jiàn mèi lǐ zhēn
但力行，不学文，任己见，昧理真。

dú shū fǎ yǒu sān dào xīn yǎn kǒu xìn jiē yào
33 读书法，有三到，心眼口，信皆要。

fāng dú cǐ wù mù bǐ cǐ wèi zhōng bǐ wù qǐ
方读此，勿慕彼，此未终，彼勿起。

kuān wéi xiàn jǐn yòng gōng gōng fū dào zhì sè tōng
宽为限，紧用功，工夫到，滞塞通。

xīn yǒu yí suí zhá jì jiù rén wèn qiú què yì
心有疑，随札记，就人问，求确义。

fáng shì qīng qiáng bì jìng jī àn jié bǐ yàn zhèng
34 房室清，墙壁净，几案洁，笔砚正。

mò mó piān xīn bù duān zì bú jìng xīn xiān bìng
墨磨偏，心不端，字不敬，心先病。

liè diǎn jí yǒu dìng chù dú kàn bì huán yuán chù
列典籍，有定处，读看毕，还原处。

suī yǒu jí juàn shù qí yǒu quē sǔn jiù bǔ zhī
虽有急，卷束齐，有缺损，就补之。

fēi shèng shū bǐng wù shì bì cōng míng huài xīn zhì
非圣书，屏勿视，蔽聪明，坏心志。

wù zì bào wù zì qì shèng yǔ xián kě xùn zhì
勿自暴，勿自弃，圣与贤，可驯致。

lóng wén biān yǐng

龙文鞭影

Míng Xiāo liáng yǒu zhuàn

[明]萧良有 撰

Yáng chén zhèng zēng dìng

杨臣诤 增订

juàn zhī yī
卷之一

yī dōng
一东

cū chéng sì zì, huì ěr tóng méng
粗成四字，诲尔童蒙。

jīng shū xiá rì, zǐ shǐ xū tōng
经书暇日，子史须通。

Chóng huá dà xiào, Wǔ mù jīng zhōng
重华大孝，武穆精忠。

Yáo méi bā cǎi, Shùn mù chóng tóng
尧眉八彩，舜目重瞳。

Shāng wáng dǎo yǔ, Hàn zǔ gē fēng
商王祷雨，汉祖歌风。

Xiù xún Hé běi, Cè jù Jiāng dōng
秀巡河北，策据江东。

Tài zōng huái yào, Huán diǎn chéng cōng
太宗怀鹞，桓典乘骢。

jiā bīn fù xuě, shèng zǔ yín hóng
嘉宾赋雪，圣祖吟虹。

Yè xiān qiū shuǐ, Xuān shèng chūn fēng
邺仙秋水，宣圣春风。

Kǎi Chóng dòu fù, Hún Jùn zhēng gōng
恺崇斗富，浑濬争功。

Wáng lún shǐ lǔ, Wèi jiàng hé róng
王伦使虏，魏绛和戎。

Xún liú Hé nèi, Hé shǒu Guān zhōng
恂留河内，何守关中。

Zēng chú Dīng wèi, Hào zhé Jiǎ chōng
曾除丁谓，皓折贾充。

Tián jiāo pín jiàn, Zhào bié cí xióng
田骄贫贱，赵别雌雄。

Wáng róng jiǎn yào, Péi kǎi qīng tōng
王戎简要，裴楷清通。

Zǐ ní míng shì, Shào yì shén tóng
子尼名士，少逸神童。

Jù bó gāo yì, Xǔ shū yīn gōng
巨伯高谊，许叔阴功。

dài yǔ Lǐ jìng, zhǐ báo Wáng chóng
代雨李靖，止雹王崇。

Hé níng yī bō, Rén jié yào lóng
和凝衣钵，仁杰药笼。

Yì lún qīng jié, Zhǎn huò hé fēng
义伦清节，展获和风。

zhān fēng lìng yǐn, biàn rì ér tóng
占风令尹，辨日儿童。

bì lǚ Dōng guō, cū fú Zhāng róng
敝履东郭，粗服张融。

Lú qǐ chú huàn, Péng chǒng yán gōng
卢杞除患，彭宠言功。

fàng gē yú zhě, gǔ yì shī wēng
放歌渔者，鼓枻诗翁。

Wéi wén Zhū wǔ, Yáng xiào Zūn zhōng
韦文朱武，阳孝尊忠。

yǐ lǘ Jiǎ mǔ, tóu gé Yáng xióng
倚闾贾母，投阁扬雄。

Liáng jī zhí hǔ, Féng hòu dāng xióng
梁姬值虎，冯后当熊。

Luó fū mò shàng, Tōng dé gōng zhōng
罗敷陌上，通德宫中。

èr dōng
二冬

Hàn chēng qī zhì, Táng xiàn sān zōng
汉称七制，唐羡三宗。

Gǎo qīng duàn shé, Gāo zǔ shāng xiōng
杲卿断舌，高祖伤胸。

Wèi gōng qiè zhí, Shī dé kuān róng.
魏公切直，师德宽容。

Mí héng yí è, Lù sī jiǔ lóng.
祢衡一鹗，路斯九龙。

Chún rén zhù mài, Dīng gù mèng sōng.
纯仁助麦，丁固梦松。

Hán qí sháo yào, Lǐ gù fú róng.
韩琦芍药，李固芙蓉。

Yuè yáng qī zǎi, Fāng shuò sān dōng.
乐羊七载，方朔三冬。

Jiāo Qí bìng dì, Tán Shàng xiāng gōng.
郊祁并第，谭尚相攻。

Táo wéi wù bào, Hán bǐ yún lóng.
陶违雾豹，韩比云龙。

xǐ ér fēi zǐ, jiào shì zhāo róng.
洗儿妃子，校士昭容。

Cǎi luán shū yùn, Qín cāo cān zōng.
彩鸾书韵，琴操参宗。

sān jiāng
三江

gǔ dì fèng gé, cì shǐ jī chuāng.
古帝凤阁，刺史鸡窗。

wáng Qín Hú hài，xìng Hàn Liú bāng。
亡秦胡亥，兴汉刘邦。

Dài shēng dú bù，Xǔ zǐ wú shuāng。
戴生独步，许子无双。

liǔ mián Hàn yuàn，fēng luò Wú jiāng。
柳眠汉苑，枫落吴江。

Yú shān jǐng Zhí，Lù mén yǐn Páng。
鱼山警植，鹿门隐庞。

Hào cóng chuáng nì，Sōng bì zhàng zhuàng。
浩从床匿，崧避杖撞。

Liú shī bù fù，Hán wén dǐng káng。
刘诗瓿覆，韩文鼎扛。

Yuàn guī Pán gǔ，Yáng yì Shí cóng。
愿归盘谷，杨忆石淙。

nǔ míng Kè dí，chéng zhù Shòu xiáng。
弩名克敌，城筑受降。

Wéi qū Dù qū，mèng chuāng cǎo chuāng。
韦曲杜曲，《梦窗》《草窗》。

líng zhēng chú gǒu，shī huò huā máng。
灵征刍狗，诗祸花龙。

Jiā zhēn sī màn，Lǔ zhí cǎi gāng。
嘉贞丝幔，鲁直彩缸。

sì zhī
四支

Wáng liáng cè mǎ, Fù yuè qí jī.
王良策马，傅说骑箕。

Fú xī huà guà, Xuān fǔ shān shī.
伏羲画卦，宣父删诗。

Gāo féng Bái dì, Yǔ mèng Xuán yí.
高逢白帝，禹梦玄彝。

Yín chén qī cè, Guāng jìn wǔ guī.
寅陈七策，光进五规。

Lǔ gōng sān yì, Yáng zhèn sì zhī.
鲁恭三异，杨震四知。

Dèng yōu qì zǐ, Guō jù mái ér.
邓攸弃子，郭巨埋儿。

Gōng yú jià bì, Chǔ dào huán jī.
公瑜嫁婢，处道还姬。

Yǔn zhū Dǒng zhuó, Jiè shā Wáng kuí.
允诛董卓，玠杀王夔。

Shí qián qiáo jié, Zhū hài xióng qí.
石虔趫捷，朱亥雄奇。

Píng shū fù fěn, Hóng zhì níng zhī.
平叔傅粉，弘治凝脂。

Bó yú qì zhàng, Mò dí bēi sī.
伯俞泣杖，墨翟悲丝。

néng wén Cáo zhí, shàn biàn Zhāng yí.
能文曹植，善辩张仪。

Wēn gōng jǐng zhěn, Dǒng zǐ xià wéi.
温公警枕，董子下帷。

huì shū Zhāng xù, shàn huà Wáng wéi.
会书张旭，善画王维。

Zhōu xiōng wú huì, Jì shū bù chī.
周兄无慧，济叔不痴。

Dù jī guó shì, Guō tài rén shī.
杜畿国士，郭泰人师。

Yī chuān chuán yì, Jué fàn lùn shī.
伊川传《易》，觉范论诗。

Dǒng zhāo jiù yǐ, Máo bǎo fàng guī.
董昭救蚁，毛宝放龟。

chéng fēng Zōng què, lì xuě Yáng shí.
乘风宗悫，立雪杨时。

Ruǎn jí qīng yǎn, Mǎ liáng bái méi.
阮籍青眼，马良白眉。

Hán zǐ gū fèn, Liáng hóng wǔ yī.
韩子《孤愤》，梁鸿《五噫》。

Qián kūn shì xiè, Cuī chén qǐ mí.
钱昆嗜蟹，崔谌乞糜。

Yǐn zhī mài quǎn, Jǐng bó pēng cí。
隐之卖犬，井伯烹雌。

Méi gāo mǐn jié, Sī mǎ yān chí。
枚皋敏捷，司马淹迟。

Zǔ yíng chēng shèng, Pān yuè chéng qí。
祖莹称圣，潘岳诚奇。

Zǐ zhī méi yǔ, Sī màn fēng zī。
紫芝眉宇，思曼风姿。

Yù Huì qiè yǐn, Chén Jì chéng mí。
毓会窃饮，谌纪成糜。

Hán kāng mài yào, Zhōu shù rú zhī。
韩康卖药，周术茹芝。

Liú gōng diàn hǔ, Zhuāng zǐ tú guī。
刘公殿虎，庄子涂龟。

Táng jǔ shàn xiàng, Biǎn què míng yī。
唐举善相，扁鹊名医。

Hán qí fén shū, Jiǎ dǎo jì shī。
韩琦焚疏，贾岛祭诗。

Kāng hóu xùn zhí, Liáng bì kè ér。
康侯训侄，良弼课儿。

Yán kuáng mò jí, Shān qì nán zhī。
颜狂莫及，山器难知。

Lǎn cán wēi yù, Lǐ mì shāo lí。
懒残煨芋，李泌烧梨。

gān shèn Yáng pèi, jiāo fàn Chén yí.
干湛杨沛，焦饭陈遗。

Wén shū jiè zǐ, Ān shí qiú shī.
文舒戒子，安石求师。

Fáng nián mò jiǎn, Yán wǔ chēng qí.
防年末减，严武称奇。

Dèng yún ài ài, Zhōu yuē qī qī.
邓云艾艾，周曰期期。

Zhōu shī yuán hú, Liáng xiàng yuān chī.
周师猿鹄，梁相鹓鸱。

Lín táo dà hàn, Qióng yá xiǎo ér.
临洮大汉，琼崖小儿。

Dōng yáng qiǎo duì, Rǔ xī qí shī.
东阳巧对，汝锡奇诗。

Qǐ qī sān lè, Cáng yòng wǔ zhī.
启期三乐，藏用五知。

duò zèng Shū dá, fā wèng Zhōng lí.
堕甑叔达，发瓮钟离。

yì qián zhū lì, bàn bì lián jī.
一钱诛吏，半臂怜姬。

Wáng hú suǒ shí, Luó yǒu qǐ cí.
王胡索食，罗友乞祠。

Shào fù Dù mǔ, Yōng yǒu Yáng shī.
召父杜母，雍友杨师。

Zhí yán jiě fà, jīng zhào huà méi.
直言解发，京兆画眉。

měi jī gōng dí, lǎo bì chuī chí.
美姬工笛，老婢吹篪。

wǔ wēi
五微

Jìng shū shòu xiǎng, Wú hù wèi yī.
敬叔受饷，吴祜遗衣。

Chún yú qiè xiào, Sī mǎ wēi jī.
淳于窃笑，司马微讥。

Zǐ fáng bì gǔ, Gōng xìn cǎi wēi.
子房辟谷，公信采薇。

Bǔ shāng wén guò, Bó yù zhī fēi.
卜商闻过，伯玉知非。

Shì zhì yuǎn zhì, Bó yuē dāng guī.
仕治远志，伯约当归。

Shāng ān chún fú, Zhāng qì niú yī.
商安鹑服，章泣牛衣。

Cài Chén shàn xuè, Wáng Gě jiāo jī.
蔡陈善谑，王葛交讥。

Táo gōng yùn pì, Mèng mǔ duàn jī.
陶公运甓，孟母断机。

liù yú
六鱼

shào dì zuò xī, tài zǐ qiān jū
少帝坐膝，太子牵裾。

Wèi yì hào hè, Lǔ yǐn guān yú
卫懿好鹤，鲁隐观鱼。

Cài lún zào zhǐ, Liú xiàng jiào shū
蔡伦造纸，刘向校书。

Zhū yún zhé jiàn, Qín xī jī chē
朱云折槛，禽息击车。

Gěng gōng bài jǐng, Zhèng guó chuān qú
耿恭拜井，郑国穿渠。

Guó huá qǔ yìn, Tiān dīng mǒ shū
国华取印，添丁抹书。

Xì hóu zhú mǎ, Zōng mèng yín yú
细侯竹马，宗孟银鱼。

Guǎn níng gē xí, Hé qiáo zhuān chē
管宁割席，和峤专车。

Wèi yáng Yuán zhàn, zhái xiàng Wèi shū
渭阳袁湛，宅相魏舒。

Yǒng hé yōng juàn, Cì dào cáng shū
永和拥卷，次道藏书。

Zhèn	zhōu	zèng	bó	Fú	zǐ	qū	chē
镇	周	赠	帛，	虑	子	驱	车。
tíng	wèi	luó	què	xué	shì	fén	yú
廷	尉	罗	雀，	学	士	焚	鱼。
míng	jiàn	Jì	dá	yù	shí	Lú	chǔ
冥	鉴	季	达，	预	识	卢	储。
Sòng	jūn	dù	hǔ	Lǐ	bái	chéng	lǘ
宋	均	渡	虎，	李	白	乘	驴。
Cāng	jié	zào	zì	Yú	qīng	zhù	shū
仓	颉	造	字，	虞	卿	著	书。
Bān	fēi	cí	niǎn	Féng	dàn	tóng	yú
班	妃	辞	辇，	冯	诞	同	舆。

qī yú
七　虞

xī	shān	Jīng	wèi	Dōng	hǎi	Má	gū
西	山	精	卫，	东	海	麻	姑。
Chǔ	yīng	xìn	fó	Qín	zhèng	kēng	rú
楚	英	信	佛，	秦	政	坑	儒。
Cáo	gōng	duō	zhì	Yán	zǐ	fēi	yú
曹	公	多	智，	颜	子	非	愚。
Wǔ	yuán	fù	Chǔ	Gōu	jiàn	miè	Wú
伍	员	覆	楚，	勾	践	灭	吴。

Jūn mó lóng piàn, Wáng sù lào nú.
君谟龙片，王肃酪奴。

Cài héng biàn fèng, Yì fǔ tí wū.
蔡衡辨凤，义府题乌。

Sū qín cì gǔ, Lǐ jì fén xū.
苏秦刺股，李勣焚须。

Jiè chéng kuáng zhí, Duān bù hú tú.
介诚狂直，端不糊涂。

Guān xī Kǒng zǐ, Jiāng zuǒ Yí wú.
关西孔子，江左夷吾。

Zhào biàn xié hè, Zhāng hàn sī lú.
赵抃携鹤，张翰思鲈。

Lǐ jiā guó shì, Niè mǐn tián fū.
李佳国士，聂悯田夫。

shàn ōu Wáng bào, zhí bǐ Dǒng hú.
善讴王豹，直笔董狐。

Zhào dǐng jué jiàng, Zhū mù zhuān yú.
赵鼎倔强，朱穆专愚。

Zhāng hóu huà shí, Mèng shǒu huán zhū.
张侯化石，孟守还珠。

Máo suì tuō yǐng, Zhōng jūn qì xū.
毛遂脱颖，终军弃繻。

Zuǒ qīng huà hè, Cì zhòng wéi wū.
佐卿化鹤，次仲为乌。

Wéi shù qǐ zǐ Lú zhí kǎi mó
韦述杞梓，卢植楷模。

Shì héng Huáng ěr Zǐ shòu Fēi nú
士衡黄耳，子寿飞奴。

zhí bǐ Wú jìng gōng yì Yuán shū
直笔吴竞，公议袁枢。

Chén shèng chuò chā Jiè zǐ qì gū
陈胜辍锸，介子弃觚。

Xiè míng Hú dié Zhèng hào Zhè gū
谢名蝴蝶，郑号鹧鸪。

Dài hé shū jiǎn Zhèng xiá chéng tú
戴和书简，郑侠呈图。

Xiá qiū mài yào Yè lìng tóu wū
瑕邱卖药，邺令投巫。

bīng shān yòu xiàng tóng xiù sī tú
冰山右相，铜臭司徒。

Wǔ líng yú fǔ Mǐn yuè qiáo fū
武陵渔父，闽越樵夫。

yú rén yù bàng tián fǔ jùn lú
渔人鹬蚌，田父𡕒卢。

Zhèng jiā shī bì Xī shì wén nú
郑家诗婢，郗氏文奴。

juàn zhī èr
卷之二

bā qí
八齐

Zǐ jìn mù shǐ, xiān wēng zhù jī
子晋牧豕，仙翁祝鸡。

Wǔ wáng guī mǎ, Péi dù huán xī
武王归马，裴度还犀。

Chóng ěr bà Jìn, Xiǎo bái xīng Qí
重耳霸晋，小白兴齐。

Jǐng gōng ráng huì, Dòu yǎn zhān kuí
景公禳彗，窦俨占奎。

Zhuó jìng píng hǔ, Xī bā shì ní
卓敬冯虎，西巴释麑。

Xìn líng bǔ yào, Zǔ tì wén jī
信陵捕鹞，祖逖闻鸡。

Zhào bāo qì mǔ, Wú qǐ shā qī
赵苞弃母，吴起杀妻。

Chén píng duō zhé, Lǐ guǎng chéng xī
陈平多辙，李广成蹊。

Liè yì kè hǔ, Wēn qiáo rán xī
烈 裔 刻 虎，温 峤 燃 犀。

Liáng gōng xún què, Máo róng gē jī
梁 公 驯 雀，茅 容 割 鸡。

jiǔ jiā
九 佳

Yǔ jūn wǔ guì, Wáng yòu sān huái
禹 钧 五 桂，王 祐 三 槐。

tóng xīn Xiàng xiù, xiào mào Bó xié
同 心 向 秀，肖 貌 伯 偕。

Yuán hóng tǔ shì, Yáng kǎn shuǐ zhāi
袁 闳 土 室，羊 侃 水 斋。

Jìng zhī shuō hǎo, Guō nè yán jiā
敬 之 说 好，郭 讷 言 佳。

Chén guàn zé jǐ, Ruǎn jí yǒng huái
陈 瓘 责 己，阮 籍 咏 怀。

shí huī
十 灰

Chū píng qǐ shí, Zuǒ cí zhì bēi
初 平 起 石，左 慈 掷 杯。

míng gāo **Lín** **gé** gōng xiǎn **Yún** **tái**
名高麟阁，功显云台。

Zhū **xī** zhèng xué **Sū** **shì** qí cái
朱熹正学，苏轼奇才。

Yuān **míng** shǎng jú **Hé** **jìng** guān méi
渊明赏菊，和靖观梅。

jī shǔ **Zhāng** **Fàn** jiāo qī **Chén** **Léi**
鸡黍张范，胶漆陈雷。

Gěng **yǎn** běi dào **Sēng** **rú** **Xī** **tái**
耿弇北道，僧孺西台。

Jiàn **fēng** shòu kuàng **Xiào** **jī** huán cái
建封受贶，孝基还财。

Zhǔn tí **Huà** **yuè** **Chuò** fù **Tiān** **tái**
准题华岳，绰赋天台。

Mù **shēng** jué qù **Jiǎ** **yù** chóng lái
穆生决去，贾郁重来。

tái wū chéng zhào píng què wèi méi
台乌成兆，屏雀为媒。

Píng **zhòng** wú shù **Ān** **dào** duō cái
平仲无术，安道多才。

Yáng **yì** hè tuì **Dòu** **wǔ** shé tāi
杨亿鹤蜕，窦武蛇胎。

Xiāng **fēi** qì zhú **Chú** **ní** chù huái
湘妃泣竹，钼麑触槐。

Yáng yōng wǔ bì, Wēn qiáo yì tái
阳雍五壁，温峤一台。

shí yī zhēn
十一真

Kǒng mén shí zhé, Yīn shì sān rén
孔门十哲，殷室三仁。

Yàn néng chǔ jǐ, Hóng chǐ yīn rén
晏能处己，鸿耻因人。

Wén wēng jiào shì, Zhū yì ài mín
文翁教士，朱邑爱民。

Tài gōng diào Wèi, Yī yǐn gēng Shēn
太公钓渭，伊尹耕莘。

Gāo wéi tuán lì, Mì jǐn xiàn shēn
皋惟团力，泌仅献身。

sàng bāng Huáng hào, wù guó Zhāng dūn
丧邦黄皓，误国章惇。

Yāng gēng Qín fǎ, Pǔ dú lǚ lún
鞅更秦法，普读《鲁论》。

Lǚ zhū Huà shì, Kǒng lù Wén rén
吕诛华士，孔戮闻人。

Bào shèng chí fǔ, Zhāng gāng mái lún
暴胜持斧，张纲埋轮。

Sūn fēi shí miàn, Wéi qǐ chéng shēn.
孙非识面，韦岂呈身。

lìng gōng qǐng shuì, Cháng rú shū mín.
令公请税，长孺输缗。

Bái zhōu cì shǐ, Jiàng xiàn lǎo rén.
白州刺史，绛县老人。

Jǐng háng lián mù, Jǐn xuǎn huā yīn.
景行莲幕，谨选花裀。

Xī chāo zào zhái, Jì yǎ mǎi lín.
郗超造宅，季雅买邻。

Shòu chāng xún mǔ, Dǒng yǒng mài shēn.
寿昌寻母，董永卖身。

Jiàn ān qī zǐ, Dà lì shí rén.
建安七子，大历十人。

Xiāng shān shī jià, Sūn jì gū mín.
香山诗价，孙济酤缗。

lìng yán Sūn wǔ, fǎ biàn Zhāng xún.
令严孙武，法变张巡。

gēng yī Fàn rǎn, guǎng bèi Mèng rén.
更衣范冉，广被孟仁。

bǐ chuáng chá zào, yǔ shàn guān jīn.
笔床茶灶，羽扇纶巾。

Guàn fū shǐ jiǔ, Liú sì mà rén.
灌夫使酒，刘四骂人。

yǐ Niú yì Mǎ, gǎi shì wéi mín.
以牛易马，改氏为民。

kuàng xiān Biǎo shèng, dēng hòu Shěn bīn.
圹先表圣，灯候沈彬。

shí èr wén
十二文

Xiè fū chǔ shì, Sòng jǐng xián jūn.
谢敷处士，宋景贤君。

Jǐng zōng xiǎn yùn, Liú huī qí wén.
景宗险韵，刘辉奇文。

Yuán ān wò xuě, Rén jié wàng yún.
袁安卧雪，仁杰望云。

mào shū zǎi xiàng, fù fù jiāng jūn.
貌疏宰相，腹负将军。

Liáng tíng qiè guàn, Zēng pǔ wù yún.
梁亭窃灌，曾圃误耘。

Zhāng xún jūn lìng, Chén lín xí wén.
张巡军令，陈琳檄文。

Yáng zhí yì shàng, Nìng yuè mí qín.
羊殖益上，宁越弥勤。

Cài yōng dào xǐ, Wèi guàn pī yún.
蔡邕倒屣，卫瓘披云。

Jù shān guī xī, Zūn yàn lóng wén.
巨山龟息，遵彦龙文。

shí sān yuán
十三元

ào ní Zhāo jiàn, mào yì Jiǎn yán.
傲倪昭谏，茂异简言。

jīn shū mèng Jué, shā hù bǔ Fān.
金书梦珏，纱护卜藩。

Tóng huī bǔ hǔ, Gǔ yě chí yuán.
童恢捕虎，古冶持鼋。

Hé qí Hán xìn, Xiāng huà Chén yuán.
何奇韩信，香化陈元。

Xú gàn zhōng lùn, Yáng xióng fǎ yán.
徐幹《中论》，扬雄《法言》。

lì chēng Wū huò, yǒng shàng Mèng bēn.
力称乌获，勇尚孟贲。

bā lóng Xún shì, wǔ zhì Táng mén.
八龙荀氏，五豸唐门。

Zhāng zhān chuī jiù, Zhuāng zhōu gǔ pén.
张瞻炊臼，庄周鼓盆。

shū tuō Shì jiǎn, bó ào Wén yuán.
疏脱士简，博奥文元。

Mǐn xiū wèi qǔ, Chén qiáo chū hūn.
敏修未娶，陈峤初婚。

Cháng gōng sī guò, Dìng guó píng yuān.
长公思过，定国平冤。

Chén zūn tóu xiá, Wèi bó sǎo mén.
陈遵投辖，魏勃扫门。

Sūn liǎn zhī jù, Ruǎn xián pù kūn.
孙琏织屦，阮咸曝裈。

Huì táng wú yǐn, Wéi shān bù yán.
晦堂无隐，沩山不言。

shí sì hán
十四寒

Zhuāng shēng hú dié, Lǚ zǔ Hán dān.
庄生蝴蝶，吕祖邯郸。

Xiè ān zhé jī, Gòng yǔ tán guān.
谢安折屐，贡禹弹冠。

Yǐ róng Wáng dǎo, Jùn shā Qū duān.
颉容王导，浚杀曲端。

Xiū nuó tí jié, Shū shào píng guān.
休那题碣，叔邵凭棺。

rú lóng Zhū gě, sì guǐ Cáo mán.
如龙诸葛，似鬼曹瞒。

Shuǎng xīn yù Lǐ, Bái yuàn shí Hán.
爽欣御李，白愿识韩。

Qián lóu bù bèi, Yōu mèng yī guān.
黔娄布被，优孟衣冠。

cháng gē Nìng qī, hān shuì Chén tuán.
长歌宁戚，鼾睡陈抟。

Zēng shēn wù yì, Páng dé yí ān.
曾参务益，庞德遗安。

Mù qīn chǔ jiù, Shāng huà zhī lán.
穆亲杵臼，商化芝兰。

Gě hóng fù jí, Gāo fèng chí gān.
葛洪负笈，高凤持竿。

Shì zhī jié wà, Zǐ xià gēng guān.
释之结袜，子夏更冠。

zhí yán Táng jiè, yǎ liàng Liú kuān.
直言唐介，雅量刘宽。

lǚ xū Hé diǎn, zhuō bí Xiè ān.
捋须何点，捉鼻谢安。

Zhāng huá lóng zhǎ, Mǐn gòng zhū gān.
张华龙鲊，闵贡猪肝。

Yuān cái wǔ hèn, Guō yì sān tàn.
渊材五恨，郭奕三叹。

Hóng jǐng zuò xiàng, Yán zǔ qì guān.
弘景作相，延祖弃官。

èr Shū gòng zhàng, sì hào yī guān.
二疏供帐，四皓衣冠。

Màn qīng háo yǐn, Lián pō xióng cān.
曼卿豪饮，廉颇雄餐。

Cháng kāng sān jué, Yuán fāng èr nán.
长康三绝，元方二难。

Zēng cí wēn bǎo, Chéng rěn jī hán.
曾辞温饱，城忍饥寒。

Mǎi chén huái shòu, Páng méng guà guān.
买臣怀绶，逄萌挂冠。

xún liáng Fú zhàn, rú yǎ Ní kuān.
循良伏湛，儒雅兒宽。

Ōu mǔ huà dí, Liǔ mǔ hé wán.
欧母画荻，柳母和丸。

Hán píng tí yè, Yān jí mèng lán.
韩屏题叶，燕姞梦兰。

piǎo mǔ jìn sì, huàn fù fēn cān.
漂母进食，浣妇分餐。

shí wǔ shān
十五删

Lìng wēi huá biǎo, Dù yǔ Xī shān.
令威华表，杜宇西山。

Fàn	zēng	jǔ	jué	Yáng	hù	tàn	huán
范	增	举	玦，	羊	祜	探	环。
Shěn	zhāo	kuáng	shòu	Féng	dào	chī	wán
沈	昭	狂	瘦，	冯	道	痴	顽。
Chén	fān	xià	tà	Zhì	yùn	jù	guān
陈	蕃	下	榻，	郅	恽	拒	关。
xuě	yè	qín	Cài	dēng	xī	píng	mán
雪	夜	擒	蔡，	灯	夕	平	蛮。
Guō	jiā	jīn	xué	Dèng	shì	tóng	shān
郭	家	金	穴，	邓	氏	铜	山。
Bǐ	gān	shòu	cè	Yáng	bǎo	zhǎng	huán
比	干	受	策，	杨	宝	掌	环。
Yàn	yīng	néng	jiǎn	Sū	shì	wéi	qiān
晏	婴	能	俭，	苏	轼	为	悭。
táng	kāi	Luò	shuǐ	shè	jié	Xiāng	shān
堂	开	洛	水，	社	结	香	山。
là	huā	qí	fàng	chūn	guì	tóng	pān
腊	花	齐	放，	春	桂	同	攀。

juàn zhī sān
卷之三

yī xiān
一先

fēi fú Yè lìng, jià hè Gōu xiān.
飞凫叶令，驾鹤缑仙。

Liú chén cǎi yào, Mào shū guān lián.
刘晨采药，茂叔观莲。

Yáng gōng huī rì, Wǔ yǐ shè tiān.
阳公麾日，武乙射天。

Táng zōng sān jiàn, Liú chǒng yì qián.
唐宗三鉴，刘宠一钱。

Shū wǔ shǒu guó, Lǐ mù bèi biān.
叔武守国，李牧备边。

Shào wēng zhì guǐ, Luán dà qiú xiān.
少翁致鬼，栾大求仙。

Yù chén Cáo cāo, Měng xiàng Fú jiān.
彧臣曹操，猛相苻坚。

Hàn jiā sān jié, Jìn shì qī xián.
汉家三杰，晋室七贤。

Jū yì shí zì, Tóng wū yù xuán.
居易识字，童乌预《玄》。

Huáng wǎn duì rì, Qín fú lùn tiān.
黄琬对日，秦宓论天。

Yuán lóng hú hǎi, Sī mǎ shān chuān.
元龙湖海，司马山川。

Cāo zhū Lǚ bù, Bìn shā Páng juān.
操诛吕布，膑杀庞涓。

Yǔ jiù Jù lù, Zhǔn cè Chán yuān.
羽救巨鹿，准策澶渊。

Yīng róng wán yào, Yán chǎng huán qián.
应融丸药，阎敞还钱。

Fàn jū Ràng shuǐ, Wú yǐn Tān quán.
范居让水，吴饮贪泉。

Xuē féng léi mǎ, Liú shèng hán chán.
薛逢羸马，刘胜寒蝉。

zhuō dāo Cáo cāo, fú shǐ Jiǎ jiān.
捉刀曹操，拂矢贾坚。

Huì kěn fù guó, Zhì yuàn qīn xián.
晦肯负国，质愿亲贤。

Luó yǒu féng guǐ, Pān gǔ chēng xiān.
罗友逢鬼，潘谷称仙。

Mào hóng shū fú, Zǐ jìng qīng zhān.
茂弘綀服，子敬青毡。

Wáng qí yàn zì Hán pǔ luán jiān
王奇雁字，韩浦鸾笺。

Ān zhī huà dì Dé yù chóu biān
安之画地，德裕筹边。

Píng yuán shí rì Sū zhāng èr tiān
平原十日，苏章二天。

Xú miǎn fēng yuè Qì jí yún yān
徐勉风月，弃疾云烟。

Shùn qīn dǒu jiǔ Fǎ zhǔ pú jiān
舜钦斗酒，法主蒲鞯。

Rào cháo zèng cè Fú jiān tóu biān
绕朝赠策，苻坚投鞭。

Yù ràng tūn tàn Sū wǔ cān zhān
豫让吞炭，苏武餐毡。

Jīn tái zhāo shì yù shǔ zhù xián
金台招士，玉署贮贤。

Sòng chén Zōng zé Hàn shǐ Zhāng qiān
宋臣宗泽，汉使张骞。

hú jī rén zhǒng míng jì Shū xiān
胡姬人种，名妓书仙。

èr xiāo
二 萧

Téng wáng jiá dié, Mó jí bā jiāo.
滕王蛱蝶，摩诘芭蕉。

què yī Shī dào, tóu bǐ Bān chāo.
却衣师道，投笔班超。

Féng guān wǔ dài, Jì xiàng sān cháo.
冯官五代，季相三朝。

Liú fén xià dì, Lú zhào duó biāo.
刘蒉下第，卢肇夺标。

Líng gān xiáng lǔ, Zhú chǐ chén Zhāo.
陵甘降虏，蠋耻臣昭。

Lóng pín shài fù, Qián lǎn zhé yāo.
隆贫晒腹，潜懒折腰。

Wéi shòu shǔ jǐn, Yuán zài jiāo xiāo.
韦绶蜀锦，元载鲛绡。

pěng xí Máo yì, jué jū Wēn qiáo.
捧檄毛义，绝裾温峤。

Zhèng qián zhù shì, Huái sù zhòng jiāo.
郑虔贮柿，怀素种蕉。

Yán zǔ hè lì, Mào hóng lóng chāo.
延祖鹤立，茂弘龙超。

xuán yú Yáng xù, liú dú Shí miáo.
悬鱼羊续，留犊时苗。

guì fēi pěng yàn, Nòng yù chuī xiāo.
贵妃捧砚，弄玉吹箫。

sān yáo
三肴

Luán bā jiù huǒ, Xǔ xùn chú jiāo.
栾巴救火，许逊除蛟。

shī qióng wǔ jì, yì bù sān yáo.
《诗》穷五际，《易》布三爻。

qīng shí Ān shí, qí jì Jū cháo.
清时安石，奇计居鄛。

hú xún Yīng dòu, quán fǎng Hǔ pǎo.
湖循莺脰，泉访虎跑。

jìn yóu Shù xī, guǐ shù Shī jiǎo.
近游束皙，诡术尸佼。

Áo kuáng xī fà, Jī lǎn zhuǎn bāo.
翱狂晞发，嵇懒转胞。

Xī xī Yàn yǒng, Běi lǒng Kǒng cháo.
西溪晏咏，北陇孔嘲。

mín jiē zì Zhèng, Qiāng yuàn xìng Bāo.
民皆字郑，羌愿姓包。

qí péng Shěn huì, shè yā Mèng jiāo
骑鹏沈晦，射鸭孟郊。

Dài yú gǔ chuī, Jiǎ dǎo tuī qiāo
戴颙鼓吹，贾岛推敲。

sì háo
四豪

Yǔ chéng Yú shùn, Yuè xiàng Yīn gāo
禹承虞舜，说相殷高。

Hán hóu bì kù, Zhāng lù tì páo
韩侯敝袴，张禄绨袍。

Xiàng rú tí zhù, Hán yù fén gāo
相如题柱，韩愈焚膏。

juān shēng Jì xìn, zhēng sǐ Kǒng bāo
捐生纪信，争死孔褒。

Kǒng zhāng wén bó, Mèng dé shī háo
孔璋文伯，梦得诗豪。

Mǎ yuán jué shuò, Cháo fǔ qīng gāo
马援矍铄，巢父清高。

Bó lún jī lèi, Chāo zōng fèng máo
伯伦鸡肋，超宗凤毛。

Fú qián lìn zuò, Chē yìn zhòng láo
服虔赁作，车胤重劳。

Zhāng yí zhé zhú, Rén mò rán hāo
张仪折竹，任末燃蒿。

Hè xún bīng yù, Gōng jǐn chún láo
贺循冰玉，公瑾醇醪。

Páng gōng xiū chàng, Liú zǐ gāo cāo
庞公休畅，刘子高操。

Jì zhá guà jiàn, Lǚ qián zèng dāo
季札挂剑，吕虔赠刀。

Lái hù Zhuó luò, Liáng sǒng jīn gāo
来护卓荦，梁竦矜高。

zhuàng xīn Chǔ zhòng, cāo xíng Chén táo
壮心处仲，操行陈陶。

Zǐ jīng shuǎng mài, Xiào bó qīng cāo
子荆爽迈，孝伯清操。

Lǐ dìng liù yì, Shí yǔ sān háo
李订六逸，石与三豪。

Zhèng hóng huán jiàn, Yuán xìng chéng dāo
郑弘还箭，元性成刀。

Liú yīn qī yè, Hé diǎn sān gāo
刘殷七业，何点三高。

wǔ gē
五歌

èr shǐ rù Shǔ, wǔ lǎo yóu Hé.
二使入蜀，五老游河。

Sūn dēng zuò xiào, Tán qiào xíng gē.
孙登坐啸，谭峭行歌。

Hàn wáng fēng Chǐ, Qí zhǔ pēng Ē.
汉王封齿，齐主烹阿。

Dīng lán kè mù, Wáng zhì làn kē.
丁兰刻木，王质烂柯。

Huò guāng zhōng hòu, Huáng bà kuān hé.
霍光忠厚，黄霸宽和。

Huán tán fēi chèn, Wáng shāng zhǐ é.
桓谭非谶，王商止讹。

yǐn wēng Gōng shèng, cì kè Jīng kē.
隐翁龚胜，刺客荆轲。

lǎo rén jié cǎo, è fū dǎo gē.
老人结草，饿夫倒戈。

yì wǎn Lǐ nè, bēi zhuàn Sūn hé.
奕宛李讷，碑赚孙何。

Zǐ yóu xiào yǒng, Sī lì yín é.
子猷啸咏，斯立吟哦。

yì shì diāo ěr, lǘ lǐ míng kē。
弈世貂珥，闾里鸣珂。

Tán chuò sī zhú, Póu fèi liǎo é。
昙辍丝竹，裒废《蓼莪》。

Jī chén wǔ fú, Huà zhù sān duō。
箕陈五福，华祝三多。

liù má
六麻

wàn shí Qín shì, sān jǐ Cuī jiā。
万石秦氏，三戟崔家。

Tuì zhī qū è, Shū áo mái shé。
退之驱鳄，叔敖埋蛇。

Yú xǔ yì fú, Dào jì liáng shā。
虞诩易服，道济量沙。

Jí cí kuì ròu, Qióng què xiǎng guā。
伋辞馈肉，琼却饷瓜。

Zhài zūn zǔ dòu, Chái shào pí pá。
祭遵俎豆，柴绍琵琶。

Fǎ cháng píng jiǔ, Hóng jiàn lùn chá。
法常评酒，鸿渐论茶。

Táo yí sōng jú, Tián lè yān xiá。
陶怡松菊，田乐烟霞。

Mèng yè jiǔ suì, Zhèng jué yì má.
孟邺九穗，郑珏一麻。

Yán huí liàn mǎ, Yuè guǎng bēi shé.
颜回练马，乐广杯蛇。

Luó xiàng chí jié, Wáng bō lǒng shā.
罗珦持节，王播笼纱。

néng yán Lǐ mì, gǎn jiàn Xiāng chē.
能言李泌，敢谏香车。

Hán yù bì fó, Fù yì chú xié.
韩愈辟佛，傅奕除邪。

Chūn cáng zú gòu, Yōng shì chuāng jiā.
春藏足垢，邕嗜疮痂。

Xuē jiān chéng cǎi, Jiāng bǐ shēng huā.
薛笺成彩，江笔生花。

Bān zhāo Hàn shǐ, Cài yǎn hú jiā.
班昭汉史，蔡琰胡笳。

fèng huáng lǜ lǚ, yīng wǔ pí pá.
凤凰律吕，鹦鹉琵琶。

dù chuán Táo yè, cūn míng Xìng huā.
渡传桃叶，村名杏花。

qī yáng
七阳

jūn qǐ **Pán gǔ**, rén shǐ **Yà dāng**.
君起盘古，人始亚当。

Míng huáng huā è, **Líng yùn** chí táng.
明皇花萼，灵运池塘。

shén wēi **Yì dé**, yì yǒng **Yún cháng**.
神威翼德，义勇云长。

Yì xióng shè rì, **Yǎn** fèn fēi shuāng.
羿雄射日，衍愤飞霜。

Wáng xiáng qiú lǐ, **Shū xiàng** mái yáng.
王祥求鲤，叔向埋羊。

Liàng fāng **Guǎn Yuè**, **Lè** bǐ **Gāo guāng**.
亮方管乐，勒比高光。

Shì nán shū jiān, **Cháo cuò** zhì náng.
世南书监，晁错智囊。

Chāng qiú **Yǒu lǐ**, **Shōu** dùn **Shǒu yáng**.
昌囚羑里，收遁首阳。

Shì gōng **Zhèng shū**, **Jùn** jǔ **Lǐ gāng**.
轼攻正叔，浚沮李纲。

xiáng **Jīn Liú yù**, shùn lǔ **Bāng chāng**.
降金刘豫，顺虏邦昌。

Yú shāo Chì bì, Shì zhé Huáng gāng
瑜烧赤壁，轼谪黄冈。

Mǎ róng jiàng zhàng, Lǐ hè jǐn náng
马融绛账，李贺锦囊。

Tán qiān yíng zàng, Zhī xí lín sāng
昙迁营葬，脂习临丧。

Rén yù shī jiào, Liú shì mò zhuāng
仁裕诗窖，刘式墨庄。

Liú kūn xiào yuè, Bó qí lǚ shuāng
刘琨啸月，伯奇履霜。

sài wēng shī mǎ, Zāng gǔ wáng yáng
塞翁失马，臧谷亡羊。

Kòu gōng kū zhú, Shào bó gān táng
寇公枯竹，召伯甘棠。

Kuāng héng záo bì, Sūn jìng xuán liáng
匡衡凿壁，孙敬悬梁。

yì lú Mǐn sǔn, shān zhěn Huáng xiāng
衣芦闵损，扇枕黄香。

Yīng fú Zhào wǔ, Jí shā Huái wáng
婴扶赵武，籍杀怀王。

Wèi zhēng wǔ mèi, Ruǎn jí chāng kuáng
魏徵妩媚，阮籍猖狂。

diāo lóng Liú xié, mǐn jì Yīng yáng
《雕龙》刘勰，《愍骥》应玚。

yù chē Tài dòu, xí shè Jì chāng
御车泰豆，习射纪昌。

yì rén Yàn bó, nán zǐ Tiān xiáng
异人彦博，男子天祥。

zhōng zhēn Gǔ bì, qí jié Rén táng
忠贞古弼，奇节任棠。

Hé yàn tán yì, Guō xiàng zhù zhuāng
何晏谈《易》，郭象注《庄》。

wò yóu Zōng zǐ, zuò yǐn Wáng láng
卧游宗子，坐隐王郎。

dào jiǔ Bì zhuó, gē ròu Dōng fāng
盗酒毕卓，割肉东方。

Lǐ yīng pò zhù, Wèi guàn fǔ chuáng
李膺破柱，卫瓘抚床。

yíng jūn Xì liǔ, Jiào liè Cháng yáng
营军细柳，校猎长杨。

Zhōng wǔ jù diàn, Dé yù jū sāng
忠武具奠，德玉居丧。

Áo cáo xióng yì, Yuán fā shū kuáng
敖曹雄异，元发疏狂。

Kòu què lì bù, Lǚ zhì jiā náng
寇却例簿，吕置夹囊。

Yàn shēng bái jiǎn, Yuán lǔ qīng xiāng
彦升白简，元鲁青箱。

Kǒng róng liǎo liǎo, Huáng xiàn wāng wāng
孔融了了，黄宪汪汪。

Sēng yán bú cè, Zhào yī fēi cháng
僧岩不测，赵壹非常。

Shěn sī hào kè, Yán sì wéi láng
沈思好客，颜驷为郎。

Shēn tú sōng wū, Wèi yě cǎo táng
申屠松屋，魏野草堂。

Dài yuān Xī luò, Zǔ tì Nán táng
戴渊西洛，祖逖南塘。

qīng chéng Dá jǐ, jià lǔ Wáng qiáng
倾城妲己，嫁虏王嫱。

guì fēi táo jì, gōng zhǔ méi zhuāng
贵妃桃髻，公主梅妆。

Jí liǎo sī Hàn, Gòng fèng zhōng Táng
吉了思汉，供奉忠唐。

juàn zhī sì
卷之四

bā gēng
八庚

Xiāo shōu tú jí, Kǒng xī fán yīng
萧收图籍，孔惜繁缨。

Biàn zhuāng cì hǔ, Lǐ bái qí jīng
卞庄刺虎，李白骑鲸。

Wáng róng zhī gǔ, Lǐ mì chén qíng
王戎支骨，李密陈情。

xiàng rú wán bì, Lián pō fù jīng
相如完璧，廉颇负荆。

cóng lóng Jiè zǐ, fēi yàn Sū qīng
从龙介子，飞雁苏卿。

zhōng chén Hóng hào, yì shì Tián héng
忠臣洪皓，义士田横。

Lǐ píng lín jiǎ, Gǒu biàn gān chéng
李平鳞甲，苟变干城。

Jǐng wén yǐn zhèn, Máo jiāo fú pēng
景文饮鸩，茅焦伏烹。

Xǔ chéng ěr zhòng, Dīng yuàn mù máng.
许丞耳重，丁掾目盲。

yōng shū Dé rùn, mài bǔ Jūn píng.
佣书德润，卖卜君平。

Mǎ dāng Wáng bó, Niú zhǔ Yuán hóng.
马当王勃，牛渚袁宏。

tán tiān Zōu yǎn, jī gǔ Huán róng.
谭天邹衍，稽古桓荣。

Qí céng fàn bǐng, Píng dé fēn gēng.
岐曾贩饼，平得分羹。

wò chuáng Yì shào, shēng zuò Yán míng.
卧床逸少，升座延明。

Wáng bó xīn zhī, Jiǎ kuí shé gēng.
王勃心织，贾逵舌耕。

xuán hé Guō zǐ, huǎn jiá Lì shēng.
悬河郭子，缓颊郦生。

shū chéng fèng wěi, huà diǎn lóng jīng.
书成凤尾，画点龙睛。

gōng chén tú gé, xué shì dēng yíng.
功臣图阁，学士登瀛。

Lú xié mào chǒu, Wèi jiè shén qīng.
卢携貌丑，卫玠神清。

Fēi xióng zài shì, Yuán zé sān shēng.
非熊再世，圆泽三生。

Ān qī dōng dù, Pān yuè xī zhēng
安期东渡，潘岳西征。

Zhì hé dān diào, Zōng yí chuò gēng
志和耽钓，宗仪辍耕。

Wèi yāng xíng zhà, Yáng hù tuī chéng
卫鞅行诈，羊祜推诚。

Lín zōng qīng zhōu, Wén jì zhēng gēng
林宗倾粥，文季争羹。

Mào zhēn kē shuì, Yáng chéng huǎn zhēng
茂贞苛税，阳城缓征。

běi shān xué shì, nán guō xiān shēng
北山学士，南郭先生。

wén rén Péng jǔ, míng shì Dào héng
文人鹏举，名士道衡。

guàn yuán Chén dìng, wéi pǔ Sū qīng
灌园陈定，为圃苏卿。

Róng fù Cāng hǎi, Zǔ yǒng Péng chéng
融赋沧海，祖咏彭城。

Wēn gōng wàn juàn, Shěn yuē sì shēng
温公万卷，沈约四声。

Xǔ xún shèng jù, Xiè kè yóu qíng
许询胜具，谢客游情。

Bù qí zǎi Shàn, Zǐ tuī xiàng Jīng
不齐宰单，子推相荆。

Zhòng yān fù xìng, Pān láng cáng míng.
仲淹复姓，潘阆藏名。

pēng chá Xiù shí, lù jiǔ Yuān míng.
烹茶秀实，漉酒渊明。

shàn niàng Bái duò, zòng yǐn Gōng róng.
善酿白堕，纵饮公荣。

Yí dí zào jiǔ, Dé yù tiáo gēng.
仪狄造酒，德裕调羹。

yìn píng Wáng shì, qián xí Jiǎ shēng.
印屏王氏，前席贾生。

jiǔ qīng
九青

jīng chuán yù shǐ, jì zèng tí xíng.
经传御史，偈赠提刑。

Shì ān zhèng zì, Cì zhòng tán jīng.
士安正字，次仲谈经。

Xián zūn zǔ là, Kuān shí tiān xīng.
咸遵祖腊，宽识天星。

Jǐng huàn chuí jiè, Bān gù lè míng.
景焕垂戒，班固勒铭。

néng shī Dù fǔ, shì jiǔ Liú líng.
能诗杜甫，嗜酒刘伶。

Zhāng chuò jiǎn dié, Chē yìn náng yíng.
张绰剪蝶，车胤囊萤。

qú yù xué yǔ, yīng wǔ sòng jīng.
鸜鹆学语，鹦鹉诵经。

shí zhēng
十蒸

Gōng yuǎn wán yuè, Fǎ xǐ guān dēng.
公远玩月，法喜观灯。

yàn tóu Zhāng yuè, fèng jí Xú líng.
燕投张说，凤集徐陵。

Xiàn zhī shū liàn, Xià sǒng tí líng.
献之书练，夏竦题绫。

Ān shí zhí niù, Wèi dào mó léng.
安石执拗，味道模棱。

Hán chóu Liáng fù, Hàn jì Bèi cún.
韩仇良复，汉纪备存。

cún Lǔ Duān mù, jiù Zhào Xìn líng.
存鲁端木，救赵信陵。

Shào yōng shí luàn, Líng mǔ zhī xīng.
邵雍识乱，陵母知兴。

shí yī yóu
十一尤

Qín gāo chì lǐ, Lǐ ěr qīng niú.
琴高赤鲤，李耳青牛。

Míng huáng jié gǔ, Yáng dì lóng zhōu.
明皇羯鼓，炀帝龙舟。

Xī shū zhèng xià, Sòng yù bēi qiū.
羲叔正夏，宋玉悲秋。

cái yā Yuán Bái, qì tūn Cáo Liú.
才压元白，气吞曹刘。

Xìn qín Mèng zé, Fān xǐ Jiāo zhōu.
信擒梦泽，翻徙交州。

Cáo shēn fǔ Hàn, Zhōu bó ān Liú.
曹参辅汉，周勃安刘。

Tài chū rì yuè, Jì yě chūn qiū.
太初日月，季野春秋。

Gōng chāo chéng shì, Cháng rú wéi lóu.
公超成市，长孺为楼。

Chǔ qiū shǐ zhuàng, Tián yù qǐ xiū.
楚邱始壮，田豫乞休。

Xiàng cháng sǔn yì, Hán yù dòu niú.
向长损益，韩愈斗牛。

Jìn chú niàng bù, Xuán bài yǐn hóu.
琎除酿部，玄拜隐侯。

Gōng sūn dōng gé, Páng tǒng nán zhōu.
公孙东阁，庞统南州。

Yuán dān zhì mào, Rén jié xié qiú.
袁耽掷帽，仁杰携裘。

Zǐ jiāng yuè dàn, Ān guó yáng qiū.
子将月旦，安国阳秋。

Dé yú Xī yè, Yǔ liàng Nán lóu.
德舆西掖，庾亮南楼。

Liáng yín kuǐ lěi, Zhuāng mèng dú lóu.
梁吟傀儡，庄梦髑髅。

Mèng chēng qīng fā, Yīn hào fēng liú.
孟称清发，殷号风流。

jiàn jī Zǐ jìng, fàn jì Yáng xiū.
见讥子敬，犯忌杨修。

Xún xī lěi luǎn, Wáng jī zài zhōu.
荀息累卵，王基载舟。

shā ōu kě xiá, jiāo lù nán qiú.
沙鸥可狎，蕉鹿难求。

Huáng lián chí shàng, Yáng yǒng lóu tóu.
黄联池上，杨咏楼头。

Cáo bīng xùn sù, Lǐ shǐ chí liú.
曹兵迅速，李使迟留。

Kǒng míng liú mǎ Tián dān huǒ niú
孔明流马，田单火牛。

wǔ hóu qí shàn jiǔ bì zhēn xiū
五侯奇膳，九婢珍馐。

Guāng ān gēng diào Fāng mù Cháo Yóu
光安耕钓，方慕巢由。

shì Jī mìng jià fǎng Dài cāo zhōu
适嵇命驾，访戴操舟。

zhuàn tuī Shǐ zhòu lì shàn Zhōng yáo
篆推史籀，隶善钟繇。

Shào guā wǔ sè Lǐ jú qiān tóu
邵瓜五色，李橘千头。

Fāng liú yù dài Lín bǔ jīn ōu
芳留玉带，琳卜金瓯。

Sūn yáng shí mǎ Bǐng jí wèn niú
孙阳识马，丙吉问牛。

Gě wàng Sū xì Niè bào Yán chóu
盖忘苏隙，聂报严仇。

Gōng yì bǎi rěn Sūn fǎng sì xiū
公艺百忍，孙昉四休。

Qián táng yì dǐ Yàn zǐ lóu tóu
钱塘驿邸，燕子楼头。

shí èr qīn
十二侵

Sū dān jú jǐng, Dǒng fèng xìng lín
苏耽橘井，董奉杏林。

Hàn xuān dú lìng, Xià yǔ xī yīn
汉宣读令，夏禹惜阴。

Méng tián zào bǐ, Tài hào zhì qín
蒙恬造笔，太昊制琴。

Jìng wēi xiè kuì, Míng shàn cí jīn
敬微谢馈，明善辞金。

Suī yáng jué chǐ, Jīn cáng pī xīn
睢阳嚼齿，金藏披心。

Gù yán liǔ zhī, Xuán dé sāng yīn
固言柳汁，玄德桑阴。

jiāng guì Dūn fù, sōng bǎi Shì lín
姜桂敦复，松柏世林。

Dù yù zhuàn pǐ, Liú jùn shū yín
杜预传癖，刘峻书淫。

Zhōng huì qiè jiàn, Bù yí dào jīn
钟会窃剑，不疑盗金。

Huán yī nòng dí, Zǐ áng suì qín
桓伊弄笛，子昂碎琴。

Qín zhāng lǐ yì, Sū shì wén xīn.
琴张礼意，苏轼文心。

Gōng quán yǐn jiàn, Yùn gǔ xiáng zhēn.
公权隐谏，蕴古详箴。

Guǎng píng zuò fù, Hé xùn xíng yín.
广平作赋，何逊行吟。

Jīng shān qì yù, Mèng xué tuò jīn.
荆山泣玉，梦穴唾金。

Mèng jiā luò mào, Sòng yù pī jīn.
孟嘉落帽，宋玉披襟。

Mèi jīng sān bài, Huò bèi qī qín.
沫经三败，获被七擒。

Yì yá tiáo wèi, Zhōng zǐ líng yīn.
易牙调味，钟子聆音。

Líng hú bīng yǔ, Sī mǎ qín xīn.
令狐冰语，司马琴心。

Miè míng huǐ bì, Páng yùn tóu jīn.
灭明毁璧，庞蕴投金。

Zuǒ sī sān fù, Chéng yí sì zhēn.
左思三赋，程颐四箴。

shí sān tán
十三覃

Táo mǔ jié fà, Jiāng hòu tuō zān.
陶母截发，姜后脱簪。

Dá mó miàn bì, Mí lè tóng kān.
达摩面壁，弥勒同龛。

Lóng páng jí jiàn, Wáng yǎn qīng tán.
龙逄极谏，王衍清谈。

Qīng wēi mò běi, Bīn xià jiāng nán.
青威漠北，彬下江南。

xiá fú Guō lìng, shàng shòu Tóng shēn.
遐福郭令，上寿童参。

Xī yīn qǐ qiè, Yīn xiàn tóu hán.
郗愔启箧，殷羡投函。

Yǔ chēng mǐn shàn, Lǔ zhí chén hān.
禹偁敏赡，鲁直沉酣。

shī tú bù suàn, gū fù shǒu tán.
师徒布算，姑妇手谈。

十四盐
shí sì yán

fèng yí Lǐ kuí gǔ xiàng Lǚ yán
凤仪李揆，骨相吕嵓。

Wèi móu chǐ xǐ Péi dù qiān jiān
魏牟尺縰，裴度千缣。

Rú zǐ mó jìng Lín shì zhī lián
孺子磨镜，麟士织帘。

Huà xīn táo nàn Shū zǐ bì xián
华歆逃难，叔子避嫌。

dào zhī Lǐ shè lǔ jù Zhòng yān
盗知李涉，虏惧仲淹。

Wěi shēng qǐ xìn Zhòng zǐ fēi lián
尾生岂信，仲子非廉。

Yóu cān lí huò Gé fàn yú yán
由餐藜藿，鬲贩鱼盐。

wǔ hú Fàn lí sān jìng Táo qián
五湖范蠡，三径陶潜。

Xú miǎo tōng jiè Cuī yǎn kuān yán
徐邈通介，崔郾宽严。

yì cāo shǒu jiàn guī zuì wèi jiān
易操守剑，归罪遗缣。

shí wǔ xián
十五咸

shēn qíng Zǐ yě, shén shí Ruǎn xián
深情子野，神识阮咸。

Gōng sūn bái zhù, Sī mǎ qīng shān
公孙白纻，司马青衫。

Dí liáng bèi zèn, Yáng yì méng chán
狄梁被谮，杨亿蒙谗。

Bù zhòng yí nuò, jīn shèn sān jiān
布重一诺，金慎三缄。

Yàn shēng fēi shǎo, Zhòng jǔ bù fán
彦升非少，仲举不凡。

gǔ rén wàn yì, bú jìn zī hán
古人万亿，不尽兹函。

跋：记住2018

2018年是值得记住的。这一年，北京四海经典文化传播中心与华夏出版社决定联合推出中华经典诵读工程新版丛书，这是继2005年北京四海经典文化传播中心与中华书局联合推出该丛书十三年之后又一次新的出版行动。

回望以往，北京四海经典文化传播中心致力于推动儿童经典诵读工程，转眼已20年，在这20年当中，中国发生了翻天覆地的变化，中华优秀传统文化的普及和弘扬同样也发生了翻天覆地的变化。赵朴初、任继愈、南怀瑾、汤一介等很多老前辈都已经离开了，他们当年以焦急迫切的心，呼吁社会、政府重视传统文化的普及、研究，如今已成为现实。2017年1月25日，中共中央办公厅、国务院办公厅联合下发了《关于实施中华优秀传统文化传承发展工程的意见》，教育部在此前也制订了《完善中华优秀传统文化教育指导纲要》，开展了"礼敬中华优秀传统文化"系列活动。两办文件指出，实施中华优秀传统文化传承发展工程，是建设社会主义文化强国的重大战略任务，对于传承中华文脉、全面提升人民群众文化素养、维护国家文化安全、增强国家文化软实力、推进国家治理体系和治理能力现代化，具有重要意义。要求深入阐发文化精髓，将传统文化教育贯穿国民教育终始，并以大众喜闻乐见的方式，融入人民的生产生活当中；有效推动中华优秀传统文化的创造性转化和创新性发展，推动中华文化走向世界、提升国家文化软实力。

党的十九大报告中，习近平总书记明确提出："深入挖掘中华优秀传统文化蕴含的思想观念、人文精神、道德规范，结合时代要求继承创新，让中华文化展现出永久魅力和时代风采。"中华优秀传统文化是中华民族的血脉和基因，是构筑中国梦和中华民族伟大复兴的坚强基石。教育承担着弘扬和宣传中华优秀传统文化的使命。

弘扬中华优秀传统文化已成为新时代中国梦的重要组成部分，也是习近平总书记文化自信与治国理政的重要思想。政府和社会对传统文化的弘扬如此重视，这已足以告慰那些老前辈。

四海孔子书院，12年前在北京西山创办，在其前身——北京四海儿童经典导读教育中心、北京四海经典文化传播中心，发起推动的儿童经典诵读工程基础之上，将中华优秀传统文化转化成具体的办学教学实践。十多年下来，师生躬耕西山，逐步积累了一套课程教学管理师资体系。在书院创办十年的时候，就有不少海内外的师长、师友建议，将四海这十多年来的办学实践、经验教训，加以系统的总结整理，变成体制内外大家可以参考的内容。其中，课程和教材是一个重要的方面。基于此，四海孔子书院与华夏出版社联合成立专门机构，开始着手基于书院办学实践、课程教学的设计、生活修身运用，进行系统的编辑整理，形成系列的课程读本与教材。本次出版的丛书是第一辑基础读本，重点是儒家经典的读诵。

书院教育依循夫子，除了每日读诵经典，还要贯彻夫子的心性之学与礼乐之教，将经典的精神，化为书院师生的日常生活与修身落实。经典不仅仅是用脑子记，更要用我们的身体去行。按照王阳明先生的说法，真知在笃行当中，唯有在真切笃诚的行动当中，方有真知。书院教育，重视日常生活，以儒学的中庸来看，君子的终日乾乾与戒慎恐惧，须常常在一个自我与他人的时时警觉与提醒当中，而书院师生的朝夕相处、共同生活，则提供了最好的场域与氛围。

培养现代中国汇通中西的士君子，是书院教育的使命。为此，书院教育从这两个方面落实展开：一方面，注重老师的素质、学问、能力；另一方面，注重孩子们的基本态度和生活习惯的培养。我们深深明白，学以成人，书院欲培养一支中国文化的精锐力量，必须在日常生活的点点滴滴进行刻意的练习。犹如吃饭、走路、穿衣、睡觉、习劳等等，这些看似极为平常的行为，却是书院教育的重点所在。人莫不饮食也，但鲜能知味也。在儒家看来，人的日常行为，均能涵养德行。从对周边事事物物的体察，到进出应对、待人接物的态度和行为，都是累积德行的过程与方法。故书院教育日常强调，居敬存诚，持守诚敬，方能郑重其事，惟精惟一。

本次出版的这套读本，依然保持了传统读经本的特点，大字、拼音、指读、背诵。这是进入中国经典最基础、最本质的办法，铺就孩子中国文化的底色。时下，依然有不少人反对儿童读经，认为时代不同了，不需要孩子再大量背诵经典了。岂不知，经典无古今，经典是常理常道，无论生活在怎样的时代，这些根植于天道人心的经典，都是需要熟读于心的。经典是圣人的心，小朋友心性纯洁，与经典最能相应，先背下来，没有负担，慢慢长大，用一生去理解，这是学习经典最好的方法。但也不能把一味读经当成经典教育的全部，读了一定要解，还要行，还要悟。儒学的学习过程必须伴随血汗、泪水，还要经历世上的风霜。事上磨，心上练，长年的累积，方有功夫可言。

四海经历了20年的传统文化普及和弘扬以及书院办学实践，其间也走了一些弯路。一开始，我们让孩子们长时间大量读经，慢慢发现，孩子的心灵成长需要有丰富的养分，单单读经是不够的；进而改为缩短读经时间，增加礼乐、艺术与人文课程，孩子们快乐了很多。后又把读经变成富有音乐节奏的读书，让孩子们定四声，查韵目，断句读，并适度解读经典的义理，结合画面，配合现代语文教学，形成书院独有的经籍、治经与国文教学搭配融合的教学模式，孩子们喜欢，老师也渐入佳境，效果很好。随着书院儒师院的创办，我们也会把书院的办学探索与经验进行整理总结，与大家分享。

读经的孩子是有福的，读经的家庭是幸福的。愿读经之声遍及朝野，文化中国，再造不远。

是为后记。

冯哲

2018年夏 西山

图书在版编目（CIP）数据

弟子规 龙文鞭影 / 北京四海经典文化传播中心编 . — 北京：华夏出版社，2018.10（2024.2 重印）

（中华经典诵读工程丛书）

ISBN 978-7-5080-9530-1

Ⅰ.①弟… Ⅱ.①北… Ⅲ.①古汉语－启蒙读物 Ⅳ.① H194.1

中国版本图书馆 CIP 数据核字（2018）第 168910 号

弟子规 龙文鞭影

DI ZI GUI LONG WEN BIAN YING

编　　者 北京四海经典文化传播中心
策　　划 冯 哲 冯 磊 陈振宇 张 平
责任编辑 裘挹红 卫清静

出版发行 华夏出版社有限公司
经　　销 北京华夏元道文化传媒有限公司
印　　刷 三河市少明印务有限公司
装　　订 三河市少明印务有限公司
版　　次 2018 年 10 月北京第 1 版
2024 年 2 月北京第 7 次印刷
开　　本 850mm × 1168mm 1/16
印　　张 5
印　　数 43001-48000 册
字　　数 25 千字
定　　价 10.00 元

华夏出版社有限公司　地址：北京市东直门外香河园北里 4 号　邮编：100028
网址：www.hxph.com.cn　电话：（010）64618981